CCSS **Género** Fantasía

I0800057

Pregunta esencial

¿Qué insectos conoces? ¿En qué se parecen y en qué se diferencian?

Un escarabajo único

Juan Álvarez Montero
ilustrado por Dolores Avendaño

Cris quería ser cantante.

—Los escarabajos no cantamos —le decía su mamá.

Pero eso no le importaba a Cris.

Cris buscó una sala donde cantar. ¿En qué sala lo dejarían cantar?

Cris conversó con don Javi. Quería cantar en su sala.

—No quiero cantantes. Quiero acróbatas. ¿Eres acróbata? —dijo don Javi.

—No. Creo que no soy lo que busca —contestó Cris.

Cris habló con don Maña. Quería cantar en su sala.

—No quiero cantantes. Quiero gente que espante alacranes. ¿Tú puedes hacerlo? —dijo don Maña.

—No. Creo que no soy lo que busca —contestó Cris.

El esfuerzo de Cris
no daba resultados.

¡Qué problema!

Cris no se desanimó. ¡Y se puso a cantar en la calle!

Su canto era hermoso.
Otros insectos fueron
a escuchar.

Una mosca le llevó un micrófono. La voz de Cris era muy bonita.

Un insecto muy elegante cruzó la calle.

Era don Grillón, el mejor cantante del mundo.

—Eres bueno. Ven a cantar con mi grupo —lo invitó don Grillón.

Cris estaba feliz.
No lo podía creer.

¡Ya era un cantante de verdad!

Respuesta a la lectura

Volver a contar

Vuelve a contar el cuento con tus propias palabras.

Personaje	Ambiente	Punto de vista

Evidencia en el texto

1. Mira la página 2. ¿Qué le dice la mamá a Cris acerca de ser cantante? **Punto de vista**
2. Mira la página 11. ¿Qué opina don Grillón de Cris? **Punto de vista**
3. ¿Cómo sabes que *Un escarabajo único* es un cuento de fantasía? **Género**

Género No ficción

Compara los textos

Compara las alas de los insectos.

Alas

Existen muchos tipos de insectos. Algunos tienen alas y pueden volar. Las mariposas y las moscas tienen alas. La mosca tiene dos alas. La mariposa tiene cuatro alas. ¡Todas son muy coloridas!

¿Te gusta el estudio de los insectos? Lee un libro sobre ellos. ¡Te divertirás!

Mariposa

Mosca

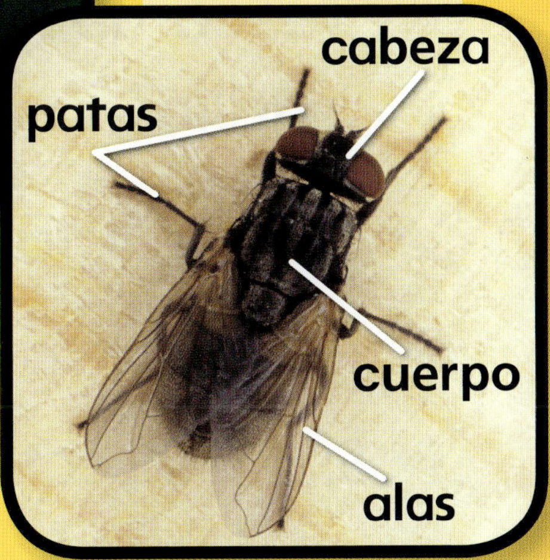

Haz conexiones

Mira ambas lecturas. ¿En qué se parecen un escarabajo y una mariposa? ¿En qué se diferencian?

El texto y otros textos

Enfoque:
Ciencias

Propósito Comparar insectos

Paso a paso

Paso 1 ¿Qué insectos aparecen en *Un escarabajo único*?
Haz una lista:

escarabajo	**mosca**
grillo	**abeja**

Paso 2 Lee la lista. Si el insecto tiene alas, escribe *sí*.

Paso 3 Si el insecto no tiene alas, escribe *no*.

Conclusión ¿Qué insectos de la lista tienen alas?